Henri J.M. Nouwen　ジョン・モガブガブ編

ヘンリ・ナウエン
塚本良樹 訳

ファンドレイジングの霊性

A SPIRITUALITY OF FUNDRAISING

寄付を募るということ

あめんどう

A Spirituality of Fundraising

THE HENRI NOUWEN SPIRITUALITY SERIES

by Henri J. M. Nouwen

もくじ

◎聖書の引用は『聖書 新改訳２０１７』（Ⓒ新日本聖書刊行会）によったが、必要に応じて英文から訳し、*The New Jerusalem Bible*の場合はNJBと示した。
◎（ ）内の聖書箇所の表示は適宜略称を用いた。
◎訳者注を文中に［ ］で示し、ある程度長い解説は※で示して欄外に掲載した。
◎ナウエンの他の著作からの引用は訳者による訳で、文末に番号を付し、巻末に出典を示した。

ヘンリ・ナウエンと霊性シリーズについて

ヘンリ・ナウエンは、人生のあらゆる物事の中心を求め続けた人です。彼は、距離をとって人生を観察するようなことでは満足せず、新たな経験と新たな人間関係に、つねに全身全霊で関わってきました。幼な子のような情熱的な希望を持ち、世界を見つめてきたのがナウエンという人です。そうすれば、この人生の中で、私たちを無条件に愛してくださっている神を見出せると確信していたからです。

彼の人生と働きは、非常に複雑な社会で日々を生きている一人でも多くの人が愛の神を知ることができるよう助けたいという、尽きない情熱でつき動かされていました。

このシリーズは、現代社会のさまざまな課題に取り組み続けたナウエンの「霊的遺産」を活かそうとするものです。ヘンリ・ナウエン協会とアッパー・ルーム・ミニストリーズとの協力による本シリーズを通して、ナウエンの心に秘めた新しいテーマによる書物を提供しようとするものです。

私たちの願いは、私たちが過ごす日々の中で、あなたが思っている以上に神は近くにおられることを、これらの書物によって発見してくださることです。

はじめに

スー・モステラー ＣＳＪ（ヘンリ・ナウエン遺産信託委員会）

カナダのある町で、ナウエンによる講演「ミニストリーとしてのファンドレイジング」を聴こうと、多くの聴衆が集まっていました。その日、講演会場のロビーに設けた書店の販売員がナウエンにこう告げました。彼の最新刊がすべて売り切れてしまった、と。

そのためナウエンは昼休みに、会場から最も近い書店に車で行って自分の著作を仕入れることにしました。ところが、駐車場を歩いているとき、一人の若い男が彼に近づき、フランスの自宅に帰るお金が欲しいと求めてきました。

じつにナウエンらしい話ですが、彼は男にこう言いました。

「さあ、私の車に乗って一緒に来てください。あなたのことをもっと教えてくれませんか？」

　その男は、カナダで職を得ようとして失敗し、自宅に帰りたいのだがそのお金がないということでした。その日の夕方のパリ行き搭乗チケットは持っているものの、そこから南フランスの故郷に帰るお金がないというのです。ナウエンは買い物を終え、彼と一緒に講演会場に戻って、その男に２００ドルを渡しました。そして、「無事に家に着いたら知らせてください」と告げました。

　その日の講演が終わり、ちょうど帰ろうとしたときです。ロビーにいた販売員がナウエンの親切への感謝のしるしとして封筒を手渡しました。その中のカードを開いてみると、感謝の言葉と共に２００ドルの小切手が挟んであったのです！

　気前良さは、さらなる気前良さを生みます。特に人間関係という豊かな土壌に根差した気前良さならなおさらです。心を開いて聖霊に満たされた態度のゆえか、ナウエンは出会う人々とのつながりが深まるのをつねに求めていました。

彼のお金に対する気前良さは、自分自身の中の、より大きな気前良さから生じたものです。彼は、本物の人間関係を求めていました。それにより、他の人にも本物を求める心を生じさせ、それゆえ、時間、関心、さらにはお金について、他者の気前良さをも経験したのです。

与えることについてナウエンは、その手段においても率直な態度においても、とても豊かで気前のよい人でした。彼自身、自分が熱心に取り組んできた課題のために財源を必要としてきました。ですから彼は、双方向のファンドレイジングを経験してきたのです。

彼が本書で語るファンドレイジングに対するヴィジョンは、寄付を求められたり、さまざまな奉仕に必要な寄付をしてきた実体験からもたらされたものです。そして時間と共に、彼のそのヴィジョンは個人的なものから普遍的なものへと広がっていきました。

私たちの多くが感じるように、ナウエンのファンドレイジングへのヴィジョンも初めは次のようなものでした。「霊的な奉仕を支えるために必要不可欠な、しかしあまりうれしくない活動」。しかし、霊的な動機づけによる彼の奉仕とそれを生きることへの情熱は、彼をさらに広く、さらに深く、ついには確信を持ってこう言えるまでにたどりつきました。

「ファンドレイジングは第一の、何よりも重要なミニストリーの一つです」

本書に収められた短い講演には、神の国に対するナウエンの燃えるような心と情熱が現れています。本書は、神の霊によって動機づけられたすべての人に、ファンドレイジングというミニストリーを、自分たちに与えられた使命《ミッション》と一体として受け止め、それに生きようとする人に新しい「メガネ」を提供しています。

そのメガネを通して見たナウエンは言います。「ファンドレイジングは、説教を語ったり、祈る時間を取ったり、病人を見舞ったり、飢えた人に食事を提供したりするのと同じく霊的な事柄であるのです！」

およそあらゆる奉仕がそうであるように、ファンドレイジングは、宣べ伝えること、招くことを含むだけでなく、人々に回心を求めることが含まれます。ナウエンはこう言います。「ファンドレイジングは、私たちが何を信じているかを宣べ伝えることを、私たちのヴィジョンと使命に参与する機会を他の人々に提供することによって行うものです」

彼にとって宣べ伝えること、招くこととは、寄付を募る人と寄付する人の双方を、回心へと招く挑戦的な呼びかけであるのです。彼はこう言っています。「ファンドレイジングとは、つねに回心への呼びかけです」

すべての人は、自分たちの必要や持ち物との、新しい、より霊的な関係に招かれています。だからこそナウエンは、資金を調達したい人々に、申しわけなさそうにではなく、より確信を持って、より喜ばしい態度で、背筋を伸ばして寄付を募るようにと励ましています。

また、こうしたヴィジョンのもとでは、寄付を募る側の人々が助かるだけでなく、寄付する側もまた、より大きな霊的ヴィジョンと豊かな実りの一部となれるばかりか、他の人々との新しい交わり《コミュニオン》（※）へと参画するものとなるのです。

ヘンリ・ナウエン協会とアッパー・ルーム・ミニストリーズとの実り多い関係により、本書の出版プロジェクトとアイデアが実際の形になりました。その制作過程は、ミニストリー、ヴィジョン、寄付を求めること、寄付すること、そして寄付を受け取ることについての本書の持つ霊的メッセージが、本物であることを証明しています。

本書の制作へ注がれた多くの人々による「投資」が、数えきれないほどの個人や団体のファンドレイジングのヴィジョンとその実践にインパクトを与え、何倍もの「利益」をもたらすことを私は信じ、確信しています。


（※）コミュユニオンのギリシャ語はコイノーニア。豊かで複雑な意味がある。一つはキリストにある信徒の交流、協力関係、共同体を意味する。もう一つは聖餐、ミサ、聖体拝領を含む。文脈や教派でさまざまな用語がある。本書ではキリストにある「交わり」「共同体」。

感謝の言葉

ジョン・S・モガブガブ（アッパー・ルーム・ミニストリーズ）

1992年9月16日、ヘンリ・ナウエンはマーゲリート・ブルジョワ家庭奉仕財団において、ファンドレイジングについての講演を行いました。そこは、原稿を準備する必要のない非公式な場で、彼は心にあるそのままを語りました。幸いだったのは、その講演がテープに録音され、書き起こされたことです。

その後、そのコピーはさまざまな個人や団体の手に渡りました。彼が言葉で明確化したファンドレイジングの新鮮なヴィジョンに、たくさんの好意的な応答がありました。そこでナウエンの遺産管理の責任者であるスー・モステラーは、これをさらに広く普及する方法を検討しはじめました。

その原稿が、まさに財政の強化に取り組んでいた、誕生したばかりのヘンリ・ナウエン協会の手に寄贈され、２００３年４月には、私がその原稿を出版する可能性の打診を受けました。協会からの依頼の電話は、私とナウエンとの関係ゆえに導かれたものでした。

私がイェール大学の博士課程で学んでいたとき、私は彼の教育・研究・編集を補佐するアシスタントでした。ナウエンは私のメンターであり、友人でした。私が24年にわたって編集してきた雑誌『ウィービングス（Weavings）』は今も、彼が見事に体現した霊的ヴィジョンを、現代の生活の場にふさわしく反映することを目指しています。

思えば、ナウエンはいつも私に自由を与えてくれました。それを思い出しながら、説明が必要な箇所には資料を補足し、文章の展開を分かりやすくすべき箇所は、そのようにしました。愛の労苦は、共同体《コミュニティ》を引きよせる力となります。このプロジェクトは、その真理を証明するものとなりました。

ナウエン遺産信託委員会のネイサン・ボールとスー・モステラーは、この作業にあらゆる角度から深く関わってくれました。多忙の中、スーは「まえがき」を書いてくれました。ウェンティ・グリーアとロバート・ダーバックは、本書に加えたナウエンの著作からの引用について、惜しみない助言をしてくれました。ピアーソン・アンド・カンパニー社のリサ・ピアーソン、イレーヌ・ゴー、スー・スミスは、ナウエンの人生と信仰を示唆する、親しみやすく魅力的な装丁（原書）をほどこしてくれました。パメラ・ホーキンスは、編集者としての注意深い視点で原稿を検討してくれました。そして、アッパー・ルーム出版のロビン・ピピンは、このすべてのプロセスを丁寧に導いてくれました。

最後に感謝を表したいのは、読者であるあなたです。ミニストリーとしてのファンドレイジングという、ナウエンのヴィジョンを本書を通して受け止め、彼が想像もしなかった仕方でそれを前進させてくださるだろうことに感謝したいと思います。

愛を追い求めなさい

（Ⅰコリント14・1）

ファンドレイジングという課題を、霊性の角度から考えることはめったにありません。霊的な働きを支援するためにその必要があるにしても、どちらかと言えばあまり心地よい活動ではないと考えている方もいるかもしれません。あるいはファンドレイジングというものは、計画性のなさ、あるいは、必要を備えてくださる神への信頼の欠如の表れだと考える方もいるかもしれません。

たしかに多くの場合、ファンドレイジングは危機への対応として実行されます。私たちの関係する組織や信仰共同体がお金に困るとなるや、突然こう言い出すのです。「必要なお金が足りません。今から寄付を集めなければなりません」。そうなって初めて、そのようなことに自分たちが慣れていないと気づくのです。

寄付を募ることに抵抗感があったり、少しきまりが悪いと感じたりするかもしれません。そして次のように心配し、悩み始めるでしょう。「誰がお金を出してくれるだろうか？　どのように頼んだらいいだろう？」

ミニストリーとしてのファンドレイジング

ミニストリーとは、第一に、
私たちが奉仕する相手から
祝福を受け取ることです。
ではその祝福とは何でしょう？
それは、神の御顔をかいま見ることです。[1]

ミニストリーとしてのファンドレイジング

福音というものの見方からすると、ファンドレイジングとは、危機に対応するために実施するものではありません。何よりもそれは、ミニストリーの一形態です。それはヴィジョンの表明であり、他の人々を私たちの使命《ミッション》に招き入れることです。神の民にとってヴィジョンと使命は、人生の中心と言えるものです。ヴィジョンがなければ私たちは滅びてしまい、使命がなければ道をはずれてしまいます（箴29・18、Ⅱ列21・1～9）。

ヴィジョンは、不足している事柄と、それを満たす供給源を結びつけてくれるものです（使9・1～19）。さらにヴィジョンは、私たちが使命を果たすための新しい方向性や機会をも示してくれます（使16・9～10）。ヴィジョンとは、むしろ黙っていたいと思うときに、あえて語る勇気を与えてくれるものなのです（使18・9）。

ファンドレイジングとは、そうした私たちのヴィジョンと使命を共に担う機会を他の人に提案することであり、私たちが何を、どのように信じているかを宣べ伝えることであります。ファンドレイジングは、物乞いとは正反対のものです。寄付を募るとき、私たちは次のように言うべきではありません。「最近、財政がかなり厳しくなってきたので助けていただけませんか?」

むしろ、こう宣言するべきです。「私たちにはヴィジョンがあります。素晴らしい、心躍るヴィジョンです。私たちがあなたをお招きしたいのは、神があなたに与えたもの――あなたの活力、祈り、お金――で、神が私たちを召した働きに、あなた自身を捧げていただくことです」

私たちは明確に、そして確信をもって招くことができます。というのは、私たちのヴィジョンと使命は、「時が来ると実を結び、その葉は枯れず、そのなすことはすべて栄える」（詩1・3）と信頼しているからです。

ファンドレイジングは、つねに回心への、つまり方向転換への呼びかけでもあります。そしてこの方向転換には、寄付を求める人と寄付をする人の両者が招かれているのです。お金を求める側であろうと、与える側であろうと、両者は神によって結びつけられるのであり、神は、この両者の協動を通して新しいことをなそうとしているのです（イザ43・19参照）。

回心するとは、いかにものごとを見、考え、行動するかについての深い変化を経験することです。その方向転換は、まっとうな思考を身につけることです。本来いるべき家から遠く離れ、飢えてしまった放蕩息子が、われに返るようなものです（ルカ、15・14〜20）。それは私たちの思考を、神の事柄に注意を向けるという転換です（マタ6・23）。「この世と調子を会わせてはいけません。むしろ、心を新たにすることで、自分を変えていただきなさい。そうすれば、神のみこころは何か、すなわち、何が良いことで、神に喜ばれ、完全であるのかを見分けるようになります」（ロマ12・2）。

このように、ファンドレイジングというミニストリーは、本物の方向転換に深く

霊的に生きるとは、
じつに心の変化、方向転換が求められることです。
そのような回心は、突然の内的変化、
あるいは長い、静かな変容のプロセスによって
特徴づけられます。[2]

関わるものです。

ファンドレイジングにおいては多くの場合、教会で働いている人より実業界で働いている人のほうが知恵があります。大きなビジネスに関わっている人は、人にお金を乞えば乞うほどほとんど手に入らないと知っています。かつて私は米国のテキサス州で、ファンドレイジングに成功したある人のもとを訪れたことを思い出します。その人のオフィスは美しい装飾品であふれていました。私は彼に言いました。

「こんな豪華なオフィスで、どうやって人にお金をくださいと言えるのですか?」。彼は私にこう答えました。

「このオフィスは、人にアプローチする手段の一つです。この部屋を見ていただければ、私がお金の扱い方を知っていることを分かっていただけます。いかにお金を増やすかを私が知っていて、投資したお金を良い形で使ってもらえると思っていただけるのです」

もちろん、このアプローチは万人向けではありません。素敵な装飾品で囲まれることが、いつもミニストリーとしてのファンドレイジングの正しい動機づけになるとは限りません。ここで大事なのは、この男性が次のような霊的意味を語ったことです。

「私はおじぎをしながらではなく、堂々と立った姿勢でお願いをします。なぜなら、私は自分の働きに確信があるからです。私は、価値あるものを提供しているという自信を持っています」

この人は、自分のヴィジョンに人を招いていると言えます。そう考えているからこそ、申し訳なさそうな姿勢を取らないのです。

ミニストリーとしてファンドレイジングに取り組むとき、私たちは人々を、彼らの資産との新しい関わり方へと招いているのです。私たちが、霊的なヴィジョ

回心した人は、
神の目で、神の耳で、神の心で、
見て、聴いて、理解します。[3]

ンを示した上で彼らの資産を用いるとき、じつは私たちは彼らのほうが益を得ることを願っているのです。私たちが心から確信していることは、贈り物を受け取る人だけが益を得るなら、それは霊的な意味でのファンドレイジングではない、ということです。

福音というものの見方からすると、ファンドレイジングは人々にこう語ることです。「私たちは、あなたの霊的な旅路、霊的な健やかさに意味を持つことのためだけにお金を受け取り、またそれを用います」

別の言い方をするなら、回心を経験することに人々を招くのです。すなわち「あなたがたは与えることで貧しくなるのでなく、より豊かになります」と。私たちは使徒パウロと共にこう確信をもって宣言できます。「あなたがたは惜しまず与えることであらゆる点で豊かにされます」（Ⅱコリ9・11 英文訳）

もし寄付を願う申し出と招きに、こうした確信が欠けているなら、それは自分たちのヴィジョンから切り離されてしまっていることを意味します。さらには、使命の方向性を見失っているのかもしれません。そうなると私たちは、支援者たちからも切り離されてしまうのです。すると私たちは、ただの物乞いになってしまいます。支援者も、ただ小切手を渡すだけの存在となってしまいます。

それでは、本物のつながりを生み出すことはできません。それは、私たちが支援者たちに、私たちのもとに来て、共にいることを願っていない、ということを意味します。私たちが何者であるかというところまで、深く内面的に参与する機会を彼らに与えないからです。仮にお金を集めるという意味で成功したとしても、支援者との関係作りを始めることには成功していません。

ミニストリーとしてのファンドレイジングは、お金を通して自らの資産との新しい関係に支援者たちを招くことです。それは同時に、ファンドレイジングに取り組む私たちも、私たち自身の財政的必要をどう見るかという回心へと招かれている、ということです。もし私たちが、誰かに金銭的支援を求めることでひどく神は私たちの愛を実り豊かなものとしてくださいます。
たとえ、そうであるかないかが私たちに見えなくても。[4]

消耗したり、それは霊的な活動ではなく、何かしら汚れたものだと思うようなら、何かが間違っています。ファンドレイジングは、世俗的な活動にすぎないという考えにだまされてはなりません。

ファンドレイジングというミニストリーは、説教をしたり、祈りの時間を取ったり、病人を見舞ったり、飢えた人に食べ物を提供したりするのと同じく霊的な働きです。すなわちそれは、私たちの回心をも助けてくれるのです。

支援を求めるときの恐れから、断られるかもしれないという不安から、恥ずかしいという思いから、「結構です。あなたのプロジェクトに関わろうとは思いません」と言われて落胆する心から、私たちは回心したいと願っているでしょうか？

もし私たちが恐れなしに寄付を求める自由を得ているとしたら、すなわち、ミニストリーの一つとしてのファンドレイジングを愛するなら、ファンドレイジングは、私たちの霊的生活に良い影響を与えるものとなるのです。

お金を持つ者とお金を必要としている者とが使命を分かち会うとき、私たちはキリストの霊にある、新しいいのちの中心となるしるしをそこに見るのです。私たちが互いに頼るのは、イエスが私たちを引き合わせたからです。そして私たちが豊かに実を結ぶかどうかということは、イエスにつながり続けているかにかかっています。

イエスは語りました。「わたしはぶどうの木、あなたがたは枝です。人がわたしにとどまり、わたしもその人にとどまっているなら、その人は多くの実を結びます。わたしを離れては、あなたがたは何もすることができないのです」(ヨハ15・5)

キリストと共にあるなら、私たちはどんなことでもできます。なぜなら、神は豊かな祝福で私たちを取り囲んでくださっていると知っているからです。ですから、お金を必要としている人たちと、それを与えることのできる人たちは、神の愛という土台を共有しているのです。「神はあなたがたに、あらゆる祝福［他の訳では恵み」をあふれるばかりに与えることがおできになります。あなたがたが、いつもすべてのことに満ち足りて、すべての良いわざにあふれるようになるためです」（Ⅱコリ9・8 NJB）

このことが実現するとき、私たちはパウロと共に確信を持ってこう言うことができます。「そこには新しい創造があります！」（Ⅱコリ5・17 NJB）

キリストにある新しい創造が現れるとき、神の国が世界に現わされているのです。

神の国が現れるのを助ける

ですから、私たちの心を神の国に定めるとは、
私たちの内に、そして私たちの
ただ中にいる聖霊のいのちを、
私たちの考え、語る言葉、
行動の中心に置くということです。[5]

神の国が現れるのを助ける

ファンドレイジングは、神の国をこの地上にもたらすのを助ける、とても具体的な方法です。神の国とは何でしょうか？　イエスがはっきり語っていることは、もし私たちが神の国を第一とするなら、「それに加えて、これらのものはすべて与えられる」ということです（マタ6・33）。

神の国とは、私たちに必要なすべてを神が満たしてくださるところです。そこは、あれが足りない、これが足りないと心配して心をくだく必要のない、充分に満たされた領域です。「だから、あすのことまで心配しなくてよいのです。明日のことは明日が心配します」（マタ6・34）

イエスは神の国を、からし種にもたとえています。「地に蒔《ま》かれるときは、地の上のどんな種よりも小さいのですが、蒔かれると、生長してどんな野菜よりも

大きくなり、大きな枝を張って、その陰に空の鳥が巣を作れるほどになります」（マコ4・31〜32）

一見、ささいに思える「与える」という行動は、私たちが求めたこともない、想像をはるかに超えたところにまで生長していきます（エペ3・20参照）――それは、この世界における、またこの世界を超えた愛の共同体《コミュニティ》の創造であり、その愛が成長していくところは、死よりも強いのです（Iコリ13・8）。

というのは、私たちがこの地上で、愛を植え、育てることに専念するとき、自分たちの限りある年代を超えて、その努力が後世に届くものになるからです。じつに、もし私たちが愛の共同体を造るためにファンドレイジングに取り組むなら、神による御国の建て上げを助けているのです。それは、クリスチャンとしてなすべきことを確実に行うということです。パウロはその点ではっきりしています。「愛を追い求めなさい」（Iコリ14・1）

私たちの安全の土台

回心した人は、
その人自身を、
そして神にある
世界を知っています。[6]

私たちの安全の土台

寄付を求めようとする人は、まず自分自身を注意深く観察する必要があります。どのようにお金を得るかということが問題なのではありません。問題は私たち個人とお金との関係なのです。それが分かっていなければ、他の人にお金を求めることは決してできません。

私たちの人生において、お金はどのような位置にあるでしょうか？ お金と人間関係とは非常に密接な関係を持っているため、家族から受けた影響を考えることなしに自分とお金の関係性を知ることはできません。

私たちのうちどれだけの人が、自分の両親がどれだけお金を稼ぎ、所有していたか知っているでしょうか？ お金について日常的に話すことはありましたか？ 夕食時の話題になっていたでしょうか？ 家族でお金について話すとき、不安げでしたか？　あるいは、怒りの感情がありましたか？　あるいは、希望に満ちあふれていましたか？　満たされた雰囲気だったでしょうか？

子どものころ、両親はあなたにお金のことを話しましたか？　今でも話すことがありますか？　どのようにお金を扱うべきか教えてくれましたか？　そして私たちは、自分の子どもにお金との関わりを話す機会があるでしょうか？　お金を得る方法とそれを使う方法について話すことは容易なことでしょうか？

お金は、家族関係の現実の中核に位置しています。それと同時に、お金は私たちの対人関係や諸団体との関係の中核にあり、家族関係を超えた影響を及ぼします。ですから、自分とお金との関係を考える必要があるのです。

私たちは、お金をどのように使っているでしょうか？　緊急時のために蓄えていますか？　それとも、あるうちに使ってしまおうとしますか？　友人のために使ったり、チャリティー、教会、政党、教育機関に寄付したりすることが好きですか？　事実として、どこに自分のお金を使っていますか？　寄付をするとき、それが税控除の対象になるかを気にしていますか？ その問いは、自分たちが寄付を受け取るときにも生まれるものですか？

寄付金が、もし自分の意図と違う使われ方をしたら、どう思うでしょうか？ 例えば、貧しい子どもたちのためにと思って何十万ドルか寄付したとします。後日、そのお金が、ある人のカリブ海旅行の資金として使われたと知ったらどうでしょう。怒るでしょうか？ 以前、ある神学校の校長がこう言っていたのを思い出します。「騙されたくなかったらお金をあげてはだめだ」

もしお金が、家族関係や周囲の世界に影響をもたらすとするなら、私たちの内面にも影響を及ぼすはずです。「個人財産《パーソナルワース》」という言葉が、個人の金融資産を指すと同時に、人間としての価値も意味するのは興味深いことです。今一度、いくつかの質問をして自分とお金との関係について考えてみましょう。

お金を持っている、持っていないということは、私たちの自尊心や価値観にどう影響しますか？　お金がたくさんあったら、良い気分でいられるでしょうか？　その反対に、あまりお金を持っていなかったら、自分には価値がないと感じますか？　低い収入、あるいはまずますと思える収入であっても、きまりが悪いでしょうか？　それとも、お金はまったく自分に影響を及ぼさないと思っているでしょうか？

お金は権力をもたらします。また、権力と自尊心との間にも密接なつながりがあります。私たちは、お金を使って人や状況を支配したことがないでしょうか？　別の言い方をするなら、自分の望むようなことが起きるようにお金を使っていませんか？　お金を誰かに与えるとき、自由に使わせるためだけに与えることができますか？　人があなたにお金を求めてきたら、どう感じるでしょうか？

もしこれらの質問のいずれかに居心地悪さを感じるなら、それはもしかすると、お金に関する話題が、私たちを取り巻く話題の中でも最大のタブーの一つだからかもしれません。お金に関する話題は、セックスや宗教の話題より大きなタブーとなっています。

ある人は、「宗教について話さないでくれ。それは個人的なことだ」と言うでしょう。またある人は「セックスについては寝室にとどめておくべきだから、話してはいけない」と言うでしょう。しかし多くの人にとって、これらの話題よりお金について話すことのほうが難しいのです。私たちが、ファンドレイジングに取り組もうとするとき、真っ先にこのことに気づくのです。だからこそ、ざっくばらんにお金を求めることに難しさを感じることが多いのです。

お金の話題がタブー視されるのは、お金が私たちの心の深い部分と関係があり、だからこそ、あらゆる攻撃から守られる必要があると感じるからです。故意、あるいは過失であっても、裏切りそうな人に私たちの経済的必要を明らかにしたり、自分の経済的安全を委ねたいとは思いません。

誰かに頼ることは危険だと警告する声が、この世にも、また自分自身の中にも愛の聖霊は言います。

「恐れないで、あなたの人生を支配したいという欲求を手放しなさい[7]」。

あります。誰かに頼ることは、自分の安全を脅かす可能性があるので、私たちは他人に頼ることを恐れます。

あるとき、友人が彼の父親からこう言われたと教えてくれました。

「息子よ。誰にも頼らなくていいようにしておきなさい。人に施しを求めるようなことなどしないように。いつでも充分な蓄えを持っておくことで、自分の家と自分の生活必需品、そして自分を助けてくれる人たちを確保しておきなさい。ある程度のお金を銀行に預けてさえおけば悪いことにはならないから」

「自分で自分の未来をできる限りコントロールしたい」という、私たちの文化に根深く存在する重圧を聖書は支持していません。もちろん、イエスは私たちが身の安全を必要としているのをよくご存知です。人がそれを切望しているからこそ、真の安全をもたらさない人やモノに信頼を置くという間違いを犯さないようにと心配しているのです。

「自分の宝を地上にたくわえるのはやめなさい。そこでは虫とさびで、きず物になり、また盗人が穴をあけて盗みます。自分の宝は天にたくわえなさい。そこでは、虫もさびもつかず、盗人が穴をあけて盗むこともありません。あなたの宝のあるところに、あなたの心もあるからです」（マタ6・19〜21）

私たちの心が二つに分かれていては、真の安全を見出すことはできません。ですからイエスは、非常に根本的なことを教えています。「しもべは、ふたりの主人に仕えることはできません。一方を憎んで他方を愛したり、または一方を重んじて他方を軽んじたりするからです。あなたがたは、神にも仕え、また富にも仕えるということはできません」（ルカ16・13）

何が私たちの安全の土台となっているでしょうか？ 神ですか、マモン［悪を生み出す強欲や富］ですか、とイエスは問うています。イエスは、神と同時にお金に信頼を置くことでは安全を得られないと語っておられます。どちらかを選択しなくてはならないのです。

真の霊的生活とは、
すべての願望の父であり母であるお方に抱かれて憩うまで
は、休まることのない生き方です。[8]

イエスは、神に安全を見出すようにと助言しています。私たちは、世に属したいのか神に属したいのかを選ばなくてはなりません。イエスは、私たちの根本的な安全の土台を神に置くべきだと教えています。

お金に根本的な信頼を置いている限り、私たちは神の国の真のメンバーではありえません。前述した皆さんへのいくつもの問いは、私たちがお金に信頼を置いていないかどうかを再考していただくためのものです。

「自分の富に拠り頼む者は倒れる。しかし正しい者は若葉のように芽を出す」（箴11・28）。私たちの真に安全な土台とは何でしょうか？

わが家への道 実を結ぶ歩みのために

ヘンリ・ナウエン著、工藤信夫訳、四六判、160㌻ 1,650円

霊的生活に、さまざまな角度から光を当てる珠玉のエッセー集。特に「生きること死ぬこと」は、ナウエン告別の辞とも言える感動的な内容。好評の既刊『まことの力への道』『待ち望むということ』（絶版）に、二つの短編を加えました。

心の刷新を求めて キリストにある霊的形成の理解と実践

ダラス・ウィラード著、中村佐知 小島浩子訳、四六判、488㌻ 2,640円

霊性神学の大家ダラス・ウィラードは、現代キリスト者の現状を憂えて本書をまとめた。キリストに似た者へと変えられるとは何か、思考や感情、身体、社会といった基本的理解に触れつつ、内側から外側へと造り変えられることを描く。著者の唯一の邦訳。＊

「霊性の神学」とは何か 福音主義の霊性を求める対話

篠原明著、四六判、286㌻ 1,980円

著者は、聖書は誤りのない神のことばと確信して生きながら、自らの内側に言いようのない霊的欠乏感があることに気付きました。その飢え渇き、みことばと心の関係という問題、つまり「霊性（スピリチュアリティ）」と呼ばれる分野を探求した旅路の記録。

二人がひとつとなるために 夫婦をつなぐ境界線

ヘンリー・クラウド、ジョン・タウンゼント著、中村佐知訳、四六判、440㌻ 2,310円

良好な夫婦関係を築くための「境界線」。夫婦げんか、支配的な夫、浪費癖の妻、頼りない夫、共依存、暴力（DV）―さまざまな夫婦関係の衝突に、いかに対処し、いかに健全な夫婦関係を築くかを、豊富な事例を用いて解説。＊

聖書に学ぶ子育てコーチング 境界線～自分と他人を大切にできる子に

ヘンリー・クラウド、ジョン・タウンゼント著、中村佐知訳、四六判、408㌻ 2,200円

自立した責任感ある大人へと育てるために、子どもと関わるすべての人々へのガイドブック。ベストセラー『境界線（バウンダリーズ）』を子育てに生かす。親、祖父母、教育関係者、サークル活動の指導者などにお勧め。＊

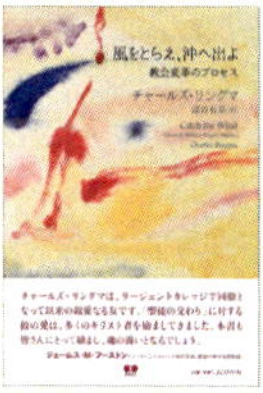

風をとらえ、沖へ出よ 教会変革のプロセス

チャールズ・リングマ、深谷有基訳、A5判、200㌻ 1,980円

教会は変革を嫌います。それでも、教会の変革は急務だ、と著者は訴えるのです。教会が自らの制度的仕組みによって人々を疎外していないかと問う、教会のあるべき姿を探求する好著。

あめんどうの Web雑誌《ウェブマガジン》 **Sinfonia シンフォニア**

和解と創造の回復を求めて

神学、霊性、ライフスタイル、正義、平和、読書、アート、共同体、教会など

月2回発行（上5日、下20日）月額300円

トップ記事は無料。定期購読で全ての記事が読めます

https://amen-do.com/sinfonia

放蕩息子の帰郷 父の家に立ち返る物語

ヘンリ・ナウエン著、片岡伸光訳、A5判、208㌻ 2,200 円

レンブラントの名画の瞑想を通し、著者自らの人生に光を当て、そこに共通する人間の失われた姿と回復への道、そして神の愛のドラマをダイナミックに描く。人間の孤独、落胆、嫉妬、怒りなどに触れながら、父である神に愛される子としてのあり方の新たな発見へと導く。

すべて新たに スピリチュアルな生き方への招待

ヘンリ・ナウエン著、日下部拓訳、四六判、104㌻ 1,100 円

ソリチュード（独りになること）とコミュニティ（共に生きること）の両者を、霊的生活に欠かせない要素として紹介するスピリチュアル・ライフ入門書。 現代人の心を蝕む「退屈」「恨み」「抑うつ」に言及し、「まず、神の国」を求めるようにと説く。＊

イエスと主の祈り 待降節によせる説教

N・T・ライト著、島先克臣訳、四六判、112㌻ 1,100 円

「主の祈り」が持つ複合的な意味について、六つの部分に分けて考察。その一節ずつをイエスの生涯と働きの中に位置づけ、イエスのすべてを要約したエッセンスを明らかにしています。キリスト教の霊性と祈りへの新鮮な理解を開き、祈りを始めた人のガイドとしても、成熟したクリスチャンの養いとしても役立ちます。

神とパンデミック コロナウイルスとその影響についての考察

N・T・ライト著、鎌野直人訳、四六判、108㌻ 1,100 円

パンデミックは「終末のしるし」「人々を悔い改めに導くチャンスだ」と言う人もいる。ライトは、これらと異なる聖書の観点からの考察に私たちを招き、嘆くという祈りに時間を費やすことを勧める。英国タイム誌への寄稿をベースにまとめた話題の小著。

シンプリー・グッドニュース なぜ福音は「良い知らせ」なのか

N・T・ライト著、山﨑ランサム和彦訳、四六判、296㌻ 2,530 円

21世紀のキリスト教神学をリードするライトの最適な入門書。福音は、単に「死後に備える」方法ではなく、私たちの現在の生き方を大きく変える。イエスの十字架と復活によって実現した、もっとスケールの大きな、もっと素晴らしい本来の福音を聖書から解き明かす。

驚くべき希望 天国、復活、教会の使命を再考する

N・T・ライト著、中村佐知訳、四六版、500㌻ 3,190 円

死後のからだの復活。その先駆けとなったイエスの復活。これこそが、初期キリスト者の抱いた希望なのです。神は、ついには全被造世界を刷新する。それはイエスの復活によってすでに始まっています。そして、現在の私たちの生き方をも刷新せずにはおきません。＊

クリスチャンであるとは N・T・ライトによるキリスト教入門

N・T・ライト著、上沼昌雄訳、四六判、344㌻ 2,750 円

なぜ正義を願うのか？ なぜ霊的なものに渇望するのか？ なぜ美に魅了されるのか？ あらゆる世代を通じて人類が追求してきた難問であり、同時に、私たちの心から憧れる存在から届く、かすかな声の響きでもある。キリスト教の中心へと導く話題の書。＊

＊印は、「ともに聴く聖書」（旧「聴くドラマ聖書）の日本G＆M文化財団によりJSUオーディオブックに採用

『箴言』の読み方

命に至る人生の舵取り

トレンパー・ロングマン著、楠望訳、A５判、208㌻　2,090円

ためになる格言のかき集めと思われがちの『箴言』ですが、旧約・知恵文学研究の第一人者である著者は、その全体としてのメッセージを明らかにします。小友聡氏（東京神学大学教授）も書中「解説」で、「『箴言』への最良の手引書。どの概説書よりわかりやすい」と絶賛。牧師、神学生、信徒リーダーの学びに好適です。

聖書と神の権威

聖書はどういう意味で「神の言葉」であるのか

N・T・ライト著、山﨑ランサム和彦訳、四六判、280㌻　2,750円

キリスト教において聖書と聖霊が権威の中心であることは確かです。しかし、このことが何を意味し、実際にどう機能するかの統一した合意は得られていません。聖書観の相違や信仰理解の混乱の中で、聖書の位置と神の権威の理解について、本書は新たなモデルを提示しています。その新鮮かつ有益な論説により、神からのメッセージを受け取る聖書の価値を回復させようとしています。

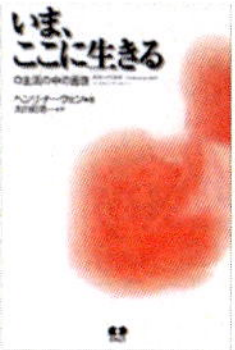

いま、ここに生きる　生活の中の霊性

ヘンリ・ナウエン著、太田和功一訳、四六判、224㌻　1,980円

霊的生活は遠いところではなく、いま、ここにあるもの。悲しみのただ中にある喜び、友人や家族の獲得と喪失、祈りの困難さ、赦し、憐れみ、人間の生と死。日々の出来事に臨んでくださる聖霊なる神を知る生活を、共感にあふれた温かい筆致で描く。

静まりから生まれるもの　信仰についての三つの霊想

ヘンリ・ナウエン著、太田和功一訳、四六判、96㌻　990円

ナウエンの初期の著作。小著ながら、初々しい感性にあふれた味わい深い作品。祈りと活動の関係についてや、イエスの働きはどのように祈りから生まれたものかを語り、「独り退く時」の意義を述べる現代人のための好著。

愛されている者の生活　世俗社会に生きる友のために

ヘンリ・ナウエン著、小渕春夫訳、四六判、168㌻　1,760円

本書は、ジャーナリストの友人との長い友情の結果生まれました。世俗的な社会に暮らす友からの、「霊的生活とは何か」という問いにナウエンは心から応えます。聖霊の導きを求めるすべての人に語りかけるメッセージ。

イエスの御名で　聖書的リーダーシップを求めて

ヘンリ・ナウエン著、後藤敏夫訳、四六判、112㌻　1,045円

ハーバード大学教授の地位を捨て、知的障がい者と暮らすラルシュ共同体の司祭となったナウエンは、それまでの生き方が、いかに世俗的な価値観に支配されていたかを知る。イエスの受けた三つの誘惑を題材に、真にイエスに従う道とは何かを語る名著。

<時期により品切れの場合もございます。最新情報は「あめんどうブックス」のサイトへ>

あめんどうの本

2025年夏号

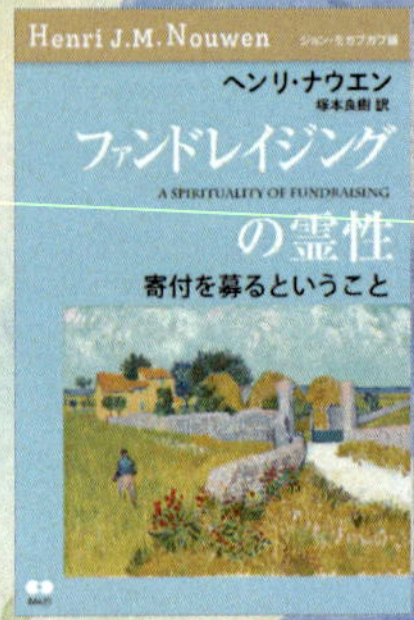

ファンドレイジングの霊性

寄付を募るということ

ヘンリ・ナウエン著、塚本良樹訳、四六判、88㌻ 1,100円

ナウエンが語るファンドレイジングに対するヴィジョンは、自ら寄付を求められたり、さまざまな寄付をしてきた実体験からもたらされました。「寄付を募ることは、説教を語ったり、祈る時間を取ったり、病人を見舞ったり、飢えた人に食事を提供したりするのと同じく霊的な事柄です」

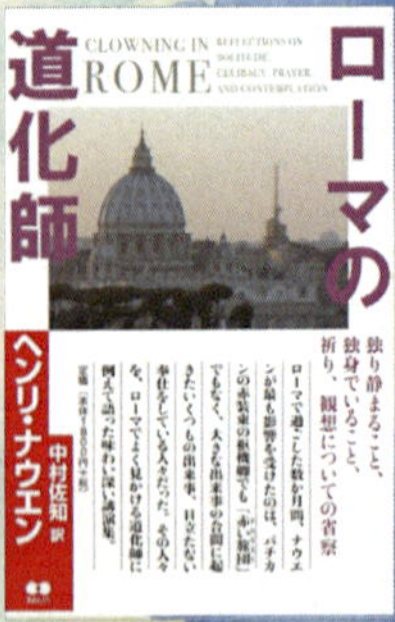

ローマの道化師

独り静まること、独身でいること、祈り、観相についての省察

ヘンリ・ナウエン著、中村佐知訳、四六判、184㌻ 1,980円

ナウエンがローマで過ごした数か月、最も影響を受けたのは、バチカンの赤装束の枢機卿でもテロリスト「赤い旅団」でもなく、大きな出来事の合間に起きたいくつもの出来事、目立たない奉仕に勤しむ人々でした。その人々を、ローマでよく見かける道化師に例えて語った味わい深い講演集。

静まりと魂のセルフケア

人生のふり返りと生活の中の霊性

太田和功一著、四六判、304㌻ 2,530円

「君は休息をどのように取っているのか」と問われました。「することが多すぎて、取れていません」。すると、「君は主に仕えているのか。それとも必要に仕えているのか」と問われたのです。──過去をふり返る意味。どう休息を取り、自分の魂のケアするかの実践。こうした体と心と魂のケアの実践が本書の基です。

富んでいる人たち

あなたがこの世界に遣わされたのは、
自分は神に選ばれた存在であると信じるためであり、
あなたの兄弟姉妹も、
共に神に属する、神に愛されている
息子・娘であることを知るのを助けるためです[9]。

富んでいる人たち

聖書は、貧しい人に関心を払うことついて少しも曖昧なところはありません。「あなたの地にいるあなたの同胞で、困窮している人と貧しい人には、必ずあなたの手を開かなければならない」（申15・11、参照：イザ58・6〜12）。教会はその当初から、神の目から見て、貧しい人が特別な地位にあることを知っていました。「私の愛する兄弟たち、よく聞きなさい。神は、この世の貧しい人たちを選んで信仰に富む者とし、神を愛する者に約束された御国を受け継ぐ者とされたではありませんか」（ヤコ2・5）

じつに貧しい人や苦しんでいる人は、神の子が私たちのために貧しくなられたことを思い起こさせてくれる存在なのです（Ⅱコリ8・9）。神は、貧しい人を愛しておられるゆえに、キリストに従う者たちも彼らを愛するのです。「すると、王は彼らに答えます。『まことに、あなたがたに言います。あなたがたが、これらのわたしの兄弟たち、それも最も小さい者たちの一人にしたことは、わたしにしたのです』」（マタ25・40）

しかし時に、貧しい人への私たちの関心は、富んでいる人への偏見につながります。お金持ちは貧しい人に比べて立派ではない、と感じてしまうことがあります。

かつてある神学校の教授が、規模の大きな、また経済的に豊かな教会を指して、「あれは真の教会の姿ではない」と言ったことを思い出します。私たちはともすると、富んでいる人が持っているお金は、受けとるべき以上のものを受け取っているからだと考えてしまったり、貧しい人の犠牲の上に私腹を肥やしたのだと考えたりしてしまいがちです。

もしかすると、私たちには貧しい人と同じように富んでいる人を愛することに難しさを感じることがあるかもしれません。あからさまに「富んでいる人は、貧しい人よりも愛されるべきではない」と言う人はいません。もちろん、貧しい人は神の胸に抱かれています。ただ、貧しい人と同じく、富んでいる人もそこに抱かれていることを忘れてはなりません。

私は過去にたくさんの資産家たちと出会ってきました。そのたびに思うのは、彼らは違った意味で貧しい人たちであるということでした。富んでいる人たちの多くは非常に孤独です。彼らは自分が周囲に利用されていると感じて葛藤しています。人から拒絶されていると感じたり、うつ的になって悩んだりしている人たちもいます。不思議に思うかもしれませんが、富んでいる人たちこそ、たくさんの配慮とケアを必要としているのです。

この点は、認識しておくべき非常に重要な点です。なぜなら、私はよくこのような思いに捕らわれた資産家たちに出会ってきたからです。「みんな、私のお金しか見ていません。どこへ行こうと私は『金持ちのおばさん』『金持ちの知り合い』でしかないのです。だからあまり人と関わりたいとは思いません。数少ない友人孤独の根っこは非常に深い。
楽しげなコマーシャルや愛の代用品のイメージ、
社交的な集まりでその琴線に触れることなどできません。
それは疑いを食物としています。誰も自分をケアしてくれない、
無条件の愛などない、利用されずに弱さを見せられる場所など
ない、と。[10]

以外の人は、『あの人は金持ちだからね!』としか言わないのです」
あるとき、非常に裕福でありながら、とても落ち込んだ様子の女性が私に会いに来ました。彼女は精神科を渡り歩き、医者に大金を費やしたものの、症状の改善は見られませんでした。彼女いわく、「ねえヘンリ、みんな私のお金が目当てなのよ。私は裕福な家庭に生まれ、今も裕福です。それは私が育った背景の一つですが、私のすべてではないのです。私がどういう人間かではなく、金持ちだから愛されているだけなのではないかと感じて、本当にこわいんです」

何年も前のことです。私の著作を何冊も読んだある人が、私が教鞭をとっていた大学に電話をしてきて、私の助手が応じました。その人はこう言ったそうです。「ナウエンさんの本を何冊も読んでいますが、彼はお金に困っていないでしょうか? 彼にもっと執筆してほしいと心から願っています。最近は本を出すのに大変なお金がかかるといいますからね」。私はそのとき大学を4か月離れていました。そこで助手が私にこう連絡してきたのです。「金銭的にあなたを支援したいという銀行家がいます」。私はどうしたらよいか分からなかったので、ひとまずこう答えました。「そうですね、彼と会って、一緒に食事してみてくれませんか」。そこで助手は彼と会い、夕食を共にしました。その後二人は、毎週夕食を共にし、そのなかであらゆることを話し合い、私が大学に戻るころに二人は良い友人になっていました。

私が二人の夕食に同席したところ、銀行家は私にこう切り出しました。「ヘンリ、あなたはお金についてまったく分かっていないと思うよ」。私が「どうしてそう言えるのですか」と言うと、「物書きのような人は、お金についてまったく分かってないと知っているからですよ」と答えました。いずれにせよ彼が言いたかったのはこうでした。「あなたが書いていることについて、ただ読むだけでなくもっと個人的なレベルであなたと話しがしたい。あなたと関係を築くために私のできる唯一の方法は、私が銀行家であるという強みを活かすことです」

つまるところこの男性は、「あなたが持っているものを私は必要としています。ですから、あなたのことをもっと知りたいのです」ということでした。そこで私はこう答えました。「今はお金について話すのはやめましょう。あなたについて話しましょう」

長い年月を経て、私たちは近しい友人となりました。彼は毎年、私に数千ドルを送ってくれるようになりました。私はお金を知恵深く使い、どのように使ったかを彼に報告するようにしました。しかし、私たちの友人関係の中核はお金ではありませんでした。最も大切だったことは、お互いへの尊敬と信頼に満たされつつ、彼は自身のことを分かち合い、私も同じくそうできたことでした。

その友人が亡くなったとき、遺族たちは私にこう申し出てくれました。「私たちはこれからもあなたを支援し続けたいと思います。あなたが私たちの夫、また父に対して示してくださった愛のゆえです。これからも、あなたを支援している人たちがいると実感してほしいのです。私たちはあなたを愛しています。私たちの夫、また父があなたを愛したように」

富んでいた男性の貧しさを通して、神の国の何かがありありと広がったのです。お金のやりとりがあったことは事実ですが、それが私たちの関係において最も大切なものではありませんでした。私たちには互いに提供できるものがありました。それは私にとっては霊的資産でしたが、富んでいる彼にとっては物質的資産でした。このことで最も感銘を受けたのは、私たち皆が神の国のために働き、愛の共同体《コミュニティ》を形成し、私たちが個人でなすよりもっと偉大なことが起こるようにしたことでした。

銀行家の友人が気づかせてくれたのは、私たちの持つ「資産」によって富んでいる彼らに働きかけるべきこと、すなわちイエス・キリストにある兄弟姉妹として受け継いできた霊的資産で働きかけることです。キリストにあって「知恵と知識との宝がすべて隠されている」(コロ2・3)のです。

私たちは富んでいる人たちのところへ行って、「私たちはあなたをあなた自身

父がご自身をその子たちに与えられたように、私も私の兄弟姉妹のために私自身を捧げなければなりません。[11]

として愛しています。お金持ちだからではありません」と言う勇気を持たねばなりません。富んでいる人たちのところに行って、その人もただの貧しい人として、私たちと同じく愛を必要としているという確信を持たねばなりません。その人の内にある貧しさをあなたは見つけることができるでしょうか？　それがとても重要なのは、まさにその貧しさの中にこそ彼の、彼女の祝福を見出せるからです。

イエスは、「貧しい人たちは幸いです」と語りました（ルカ6・20）。富んでいる人にも貧しさがあります。ですから資産家たちに支援をお願いするなら、彼らを深く愛さなくてはなりません。お金について心配する必要はありません。むしろ私たちが心配すべきなのは、私たちが語る招きによって、また私たちとの関係が深まることによって、彼らが神に近づくことができるかどうかなのです。

寄付を募るということ

あなたが私の主であることを妨げる恐れ、
疑念、疑いを取り去ってください。
そして、あなたの計り知れない憐れみに信頼して
あなたの臨在の光のもとに、裸のまま、
弱いまま出る勇気と自由を与えてください[12]。

寄付を募るということ

もし私たちが神にまったくの信頼を置いているなら、お金を求めることにおいて私たちは自由であるはずです。私たちはお金から解放されている場合にのみ、他の人に対してもそれを求めることが自由にできるようになります。これこそが、ミニストリーとしてのファンドレイジングがもたらす回心です。

ここまで語ってきたとおり、寄付を求めることに多くの人が困難を覚えるのは、お金の話題自体がタブーであるからです。タブーである理由は、私たちの安全が脅《おびや》かされるのではという感情とお金が密接に絡んでいるからです。その意味で私たちは自由ではありません。また、お金持ちを嫉妬したり、うらやましく思ったりするのであれば、私たちは自由でありません。

富んでいる人たちに対し、「あんな大金をきれいな方法で集められるわけがない」という怒りを持っているなら、私たちは自由ではありません。富んでいる人たちの存在が、私たちに嫉妬や怒りをもたらすなら、それは、いまだお金が私たちの主人であることを明らかにしています。そしてその状態では、他人にお金を求める用意ができているとは言えません。

私自身、怒りや嫉妬から寄付を募らないように特に気をつけています。特にこういった感情が、ファンドレイジングに取り組む際の丁寧な言葉遣いや慇懃《いんぎん》な態度に巧妙に隠されているときこそ、注意しなくてはいけません。どれだけ私たちの姿勢が洗練されていても、寄付を求める動機が怒りや嫉妬から来ているのなら、彼らを主にある兄弟姉妹の関係へと招いていないことになります。

むしろ求められる側は、お金をめぐって何かしらの競争が起きているように感じ、防御的姿勢を取ってしまうでしょう。そうなってしまうと、私たちが形だけはヴィジョンや使命へと彼らを招いていても、それは神の国のためではなくなっ

私たちが神の無限の気前良さを本当に楽しめるなら、私たちは兄弟姉妹が何かを受け取るのを見て喜ぶことができます。そのとき、もはや私たちの心の中に妬みという感情の居場所はありません。[13]

てしまうのです。もはや真に信頼すべきお方である神の名による働きではなくなるからです。

私たちがひとたび神に完全な信頼を置くことを祈りのうちに約束し、神の国にのみ関心を置くことができたなら、大きな額の資金を求めることに何の障害もありません。私たちは裕福な人が持っているものではなく、その人自身を愛することを学ぶ必要があります。そしてむしろ彼らに提供できる最高に価値あるものを自分たちが持っていると確信できているなら、なお大胆に大きな額を求めることができます。

私たちには、必要としている事柄のために資金を求める自由があり、またその必要が満たされるという確信を持つことができます。これは福音が語っていることです。「求めなさい。そうすれば与えられます。……たたきなさい。そうすれば開かれます」（マタ7・7）。もしある人が何かの理由で断ってきたとしても、私たちには感謝をもって応答する自由が与えられています。私たちを導いておられる聖霊なる神が、その人にも同じように働いていると信じるからです。
もしかすると、その人のお金は他の緊急な必要のために用いられることになっているのかもしれません。あるいは、まだ真の献身への準備ができていないのかもしれません。もしかすると、私たちの求め方がより明瞭になるように、ヴィジョンがより分かりやすい言葉になるように、私たちがもっと深く聖霊に聴く必要があるのかもしれません。

そして、私たちは聖霊なる神にあって、寄付する可能性がある人たちにアプローチするのですから、自由にしっかり基づいた態度と雰囲気の中で寄付を募ることができます。「キリストは、私たちを自由にしてくださいました。ですから私たちは、自由であるべきです」（ガラ5・1 NJB）

誰かに寄付を求めることとは、その方々が持っている資産を神の国のために捧げる機会を提供することです。ファンドレイジングとは、人々が持っているものを神の働きのために「投資」するチャンスを提供することなのです。その人たちの持っているものが多いか少ないかは、そのお金が神のために用いられるかどうかと比べれば、重要なことではありません。

イエスが五千人の空腹を五匹の魚と二つのパンで満たしたとき、彼は、私たちの気前良さがもたらすものを、神の愛が何倍にも増やすことができることを示しました（マタ14・13〜21参照）。

神の国は、気前良い行いがもともとの価値以上に満ちあふれる場であり、神の限りない恵みがこの世界で働く場所なのです（Ⅱコリ9・10〜15参照）。

新しい交わり《コミュニオン》

共同体は、
自分自身より他者に関心を
向ける包容力により
もたらされる実です[14]。

新しい交わり

神の国の深化と拡大のために人に寄付を求めるとき、私たちは同時に、彼らを新しい霊的な交わり《コミュニオン》に招いているのです。これは非常に重要な事柄です。ローマ人への手紙にこう書かれています。「私たちは知っています。被造物のすべては、今に至るまで、ともにうめき、ともに産みの苦しみをしています。それだけでなく、御霊の初穂をいただいている私たち自身も、子にしていただくこと、すなわち、私たちのからだの贖われることを待ち望みながら心の中でうめいています」（ローマ8・22〜23）

このうめきは、私たちの奥底から出てくるものであり、同時に被造物全体からも出てくるものです。また、このうめきとは、神と人との交わりを切望する声であり、それは時間や空間を超越した交わりのことです。

私たちが直面する深刻な危機は、
私たちが交わり《コミュニオン》を求める渇望を私たちが信頼しないことです。
それは、神が与えた渇望であり、
それなしでは私たちは生きる気力を失い、
心は冷たくなっていきます。[15]

同時にそのうめきは、神が私たちや被造物との交わりを熱く願っていることの現れでもあります。神の願いとは、「被造物全体が滅びの束縛から解放され、神の子どもたちと同じ栄光の自由にあずかる」（ロマ８・21 ＮＪＢ）ことです。これこそ、真の霊的交わりにおける自由です。

私たちがお金を求めるのは、人々をこの交わりに招き入れる手段なのです。「あなたに私たちのことを知ってほしい」という呼びかけです。共通する切望によって一つとされた私たちは、共にヴィジョンに向かうにつれて、徐々にこの交わりを知っていくことになります。

霊的な交わりは、具体的にどのように明らかになるのでしょうか？　ミニストリーとしてのファンドレイジングに取り組むことにより、私たちが神との、そして人と人との交わりに人を招くとき、それは、友情と共同体《コミュニティ》をもたらすものでなくてはなりません。人々はそのような友情と共同体を求めているのです。

私たちには友が必要です。
私たちを導いてくれ、
ケアしてくれ
愛をもって向き合ってくれ、
痛むときには慰めてくれる友です。[16]

ファンドレイジングは、共同体《コミュニティ》を作り上げるものである必要があります。共同体こそが、人々に提供できる最良の贈り物であることを、果たしてどれだけの教会や慈善活動団体が気づいているでしょうか？　私たちが誰かに寄付を求めるならば、それはその人に、新しい友情関係、新しい兄弟姉妹としての関係、新しい仕方での「所属」を提供しているのです。

私たちには提供できるものが多くあります。友情、祈り、平和、愛、忠誠心、親しさ、助けが必要な人々への奉仕などです。そしてこれらは、あまりに価値があるがゆえに、人々はそれを継続するために、自分の持っているものを使いたいと思うようになります。ファンドレイジングにおいては、新しい、そして持続的な関係を創造していくことをつねに目指すべきです。

教会や修道院、キリスト教奉仕団体や意図的共同体（※）で私が出会った、友情を中心に人生を送っている人々のことを思い出します。これらの人々は、訪問し共同体《コミュニティ》とは、第一に心の質です。
それは、私たちは自分のために生きているのではなく、
互いのために生きているという霊的知識から生じるものです。[17]

（※）意図的共同体とは、共通の目的や生き方を約束し、あるいは契約し、共に生活をすることを選択した共同体。

ラルシュ共同体もその一つ。プロテスタントの例は、米国にあるアーミシュ、再洗礼派の流れを汲んだブルーダーホフなどがある。

合ったり、ボランティアをし合ったりします。そうした環境の中で彼らは育まれ、助けられています。もしこれらの人がお金を持っていたなら、それを捧げるでしょう。しかし、それが重要なのではありません。新しい交わり《コミュニオン》における新しい自由、そして新しい友人たちに比べたら、お金にはいっこうに興味を引かれないでしょう。

霊的な交わりは、新しい豊かな実りのうちにも現れます。そこでこそ、ミニストリーとしてのファンドレイジングの真の本質が明らかになるのです。一般社会でファンドレイジングに取り組む人は、寄付してくれそうな人たちに、自分たちの組織の生産性向上と目標達成に貢献できる確信を持っていただけるような戦略を示す必要があるでしょう。もちろんこの新しい交わりにおいても、ファンドレイジングの結果として生産性が上がり、成功がもたらされることもあるでしょう。しかしそれは、より本質的で創造的なエネルギーによる副産物にすぎません。この愛のエネルギーは、キリストにあって、キリストとの関係を通して、人々の生活の内に根付き、育まれていくものです。

良い環境と忍耐深い配慮がなされれば、そのような種は「三十倍、六十倍、百倍の実り」をもたらします（マコ4・20）。私たちは、人に支援を求めるときはいつも、豊かな実りをもたらすこのヴィジョンに人々を招いているかどうかを確認する必要があります。そこに支持者たちが加わり、神が「生めよ、ふえよ」と語った意味を共に見たいのです（創1・28）。

最後に再び、お金とファンドレイジングに取り組む人との関係に戻ってお話ししましょう。愛の共同体《コミュニティ》を建て上げる働きはお金への態度における回心が求められます。さらには、私たちそれぞれの神からの召命に、私たちそれぞれのユニークな使命に、より忠実であるようにと招かれます。召命は、ファンドレイジングに取り組んだ結果として深められ、強化されるのです。時にはその過程で、与えられた召命への葛藤が心に迫ることもあるでしょう。

私自身もファンドレイジングに取り組む過程で、次のように言われたことがあります。「あなたを支援したいですが、そのためにはよりよい牧会者（司牧者）になろうとするのを止め、忙しく動き回るのを止め、あなたの使命にもっと忠実であってください。あなたは走り回って、人前で話しばかりして、書く時間を充分取っていません。それがあなたにとって難しいのは分かります。部屋の扉を閉め、デスクに座り、誰とも話さないのですから。しかし私はこの寄付によって、あなたが本を書くことを支えたいのです」

これも、愛の共同体《コミュニティ》がもたらす豊かな実りの一つです。私たちが特定のミニストリーにより深く献身することへと招かれることによって、ファンドレイジングの働きは、すでに私たちの内にもたらされつつある神の国を、より明確に見えるようにさせてくれるのです。

祈りと感謝

聖霊は、私たちが成功、名声、
権力の世界に属するのでなく、
神に属していることを
明らかにします[18]。

祈りと感謝

私たちはどのようにしたら神のみに安全の土台を据える者になれるでしょうか？　どうしたら、富んでいる人たちと貧しい人たちとが神の愛という同じ土台に堅く立つことができるでしょうか？　どのようにしたらしつこくなく寄付を求めることができるでしょうか？　どのようにしたら、押しつけでなく新しい交わり《コミュニオン》へ人々を招くことができるでしょうか？

使命《ミッション》やヴィジョンについて人々に話すとき、どうしたら自分たちにだけ通じる話し方でなく、他の人々と共に喜べる、活力と希望をもたらす語り方ができるでしょうか？　いかに私たちはファンドレイジングを、何かしら居心地の悪く、それでも避けられないものだと見なすことから、ミニストリーとして、いのちを与える、希望に満ちた表現として見なすようになるでしょうか？

祈りとは、富んでいる人に対して抱く敵意や疑いの思いや心を、親切なもてなしの心に回心させる霊的修練です。感謝とは、この回心が私たちの生活のあらゆる側面に広がっていくしるしです。そのはじめから終わりまで、ミニストリーとしてのファンドレイジングは、祈りと感謝に根差しています。

祈りは、ファンドレイジングにおける本質的な出発点です。なぜなら、祈りを通して、自分や他人のあらゆる考えや感情をゆっくりと再考することになるからです。祈りとは、私たちを自由にする真理をもれなく知りたいと願うことです（ヨハ8・32）。祈りは、隠された動機や対人関係を形作っている傷に気づいていないことを明らかにします。また祈りは、神が見ておられるように私たち自身と他者とを見ることができるようにするものです。

祈りがラディカルな行為であるゆえんは、私たちが神の内にあるという最も深いアイデンティティを明らかにしてくれるものであるからです。祈りの中で私たちは神の声を聴くことを求め、神の言葉を私たちの内なる恐れや反抗心に染み込ませ、神が私たちに知らせたいことを聴き始めるようにさせてくれます。

神が知ってほしいと願っていることは、私たちが考え、行い、成し遂げる以前に、そしてお金があるかどうかでなく、「あなたはわたしの愛する息子、また愛する娘、わたしはあなたを喜ぶ」（ルカ3・22参照）という、私たち人間のアイデンティティの最も深い真理です。この言葉を本当であると断言できるなら、他のすべての人にとってても等しくそのとおりであると考えられるようになります。

神は私たちの存在そのものを喜んでくださる方ですから、私たちは分け隔てなく、富んでいる人とも貧しい人とも、神の愛における自由の中で関わることができます。私たちのファンドレイジングへのアピールに対する「はい」「いいえ」「たぶん」という回答より、神の気前良さという聖なる土台の上で、私たち皆が一つとされていることを知るほうが重要なことなのです。祈りを通して、私たちがどんな状態であろうと、相手がどんな人であろうと、神が私たちを通して実り豊かに働いてくださるという信頼を学ぶことができるのです。

私たちを造り、保ち、導く神の愛の親しさに、
私たちが触れれば触れるほど、
私たちはさらに、その愛がもたらす実りがどれほど多いかを
知るようになのです。[19]

私たちの祈りが深まり、神が良い方であることにいつも気づくようになるにつれ、私たちの内側で感謝の心が大きくなってきます。自分が何者であるかを理解し、私たちの所有するものは神からの賜物であり、分かち合うべきものだと認めることから感謝はあふれてきます。感謝の思いは、私たちを義務感から解放し、神の国の働きに、自由に、かつ余すところなく私たち自身を捧げられるよう私たちを整えてくれるのです。

私たちが感謝の心をもってファンドレイジングに取り組むとき、私たちの人生に最も必要なものを、神はすでにあふれるほど与えてくださっていると知るのです。ですから、私たちの使命《ミッション》とヴィジョンへの確信、寄付を求める相手を愛する自由は、相手がどう応じるかに左右されません。

このような感謝の心は、藁《わら》にもすがる思いで寄付を求めに行くのでも、恨みや落胆を抱いて引き下がるのでもなくさせます。お願いに行くときも去るときも、喜んで神の国に心を定めて、神の愛に安んじて留まることができます。

御国が
来ますように

ミニストリーの不思議さは、
私たちの持つ限界と条件付きの愛が、
神の無限かつ無条件の愛への門となるように
選ばれたことです。
だからこそ、真のミニストリーは
双方向のものであるべきです。[20]

ファンドレイジングは、とても豊かで美しい働きです。それは、確信と喜びと希望に満ちたミニストリーとしての表現であり、互いをケアしつつ、各自が持つ豊かさを互いに持ち寄り、神の国が余すところなく到来するために一緒に働くことなのです。

愛は決して絶えることがありません。（Ｉコリント13・8）

ナウエンの著作からの引用

1 *Here and Now* (1994), p.83.『いま、ここに生きる』（あめんどう）
2 *Making All Things New* (1981), p.57.『すべて新たに』（あめんどう）
3 *¡Gracias!* (1983), p.50.
4 *Bread for the Journey* (1997), Augst 11.『今日のパン、明日の糧』（日本キリスト教団出版局）
5 *Making All Things New* (1981), p.43. 前掲書
6 *¡Gracias!* (1983), p.50.
7 *Here and Now* (1994), p.53. 前掲書
8 *Here and Now* (1994), p.40. 前掲書
9 *Finding My Way Home* (2001), p.132.『わが家への道』（あめんどう）
10 *Reaching Out* (1975), p.16.『差し伸べる手』（女子パウロ会）
11 *The Return of the Prodigal Son* (1992), p.122.『放蕩息子の帰郷』（あめんどう）
12 *A Cry for Mearcy* (1981), p.24.『憐れみを叫び求めて』（あめんどう）
13 *Bread for the Journey* (1997), July 6. 前掲書
14 *Bread for the Journy* (1997), January 23. 前掲書
15 *Here and Now* (1994), p.44. 前掲書
16 *Bread for the Journy* (1997), May 1. 前掲書
17 *Bread for the Journy* (1997), January 23. 前掲書
18 *Bread for the Journey* (1997), June 10. 前掲書
19 *Lifesigns* (1986), p.70.『いのちのしるし』（女子パウロ会）
20 *In the Name of Jesus* (1989), p.44.『イエスの御名で』（あめんどう）

ヘンリ・ナウエンについて

ヘンリ・ナウエンは世界的に知られた著作家、尊敬を受けた大学教授、愛された牧会者です。彼は、霊的生活について40冊以上の書物を執筆して、数え切れないほどの世界中の人々を触発し、また慰めてきました。１９９６年の死後も、さらにたくさんの読者、著作家、研究者が彼の遺した書物を学んでいます。その書物は、22以上の言語に訳され、出版されています。

彼は１９３２年1月24日、オランダのネイケルクで生まれ、１９５７年に司祭として叙階を受けました。人間の苦しみをさらに理解したいという強い願いに動かされ、１９６４年にアメリカ合衆国に移住し、メニンガー・クリニックの「宗教と精神医学」プログラムを学びました。その後、ノートルダム大学、アムステルダム司祭研究所、イェールとハーバードの神学校で教鞭を執りました。どの学校においても、彼の授業は最も人気のある授業の一つだったそうです。

彼の教師・著作家としての抜きん出た魅力は、その人生のすべての領域を、生きた霊性へと「統合」することへの情熱に関係しています。ナウエンの確信は、そのような「統合」が、私たちの文化において緊急に必要とされているということでした。その著作は、時に自伝的ですが、読者自身の霊的探究における喜びや葛藤に枠組みを与えるものもありました。その霊的ヴィジョンの普遍的な性質は、ウォール街の銀行家、政治家や専門家、ペルーの農業小作者、教育者、宗教指導者、宣教師、介護者など、さまざまな境界を超えてさまざまな人々を触発しました。

ナウエンは生前、たくさんの地を訪れ、ミニストリーとケア、憐れみ《コンパッション》、平和構築、苦悩について、独り《ソリチュード》であること、共同体《コミュニティ》、死にゆくことと死についてなど、たくさんのテーマで語りました。

彼は福音のメッセージという良き知らせの深さを伝達する新しいイメージをつねに探求していました。例えば、サーカスの空中ブランコ乗りのグループと出会い、友だちになります。そしてナウエンは、その突然の死の直前まで、霊的な旅路のイメージとしてサーカスでの生活を用いるプロジェクトに取り組んでいます。彼の古典的著作の一つである『放蕩息子の帰郷』（あめんどう）は、古い福音書のたとえ話を、現代的なインスピレーションで描き、芸術と霊性を融合させています。またナウエンはその最後の10年間を、カナダのトロント近郊にあるラルシュ共同体で、障がいを持つ人々と共に過ごしています。

ヘンリ・ナウエン協会は、神との個人的関係はすべての他者との関係における土台であるというナウエンの確信に触発され、人々の霊的成長をサポートする機会とリソースを提供するために創設されました。

訳者あとがき

ファンドレイジングという言葉は、日本語に直訳すると「資金調達」ですが、多くの場合、特にNGOや宗教団体など、民間の非営利団体が、使命《ミッション》に基づき、個人、法人、政府に寄付を求めることを指す言葉として用いられます。そのため、日本語に訳すことが難しく、カタカナで表記されることがほんどであるため、本書もそれに倣っています。近年では「クラウドファンディング」という言葉と共に一般的になりつつあり、日本でも寄付文化、特に寄付を意図的・戦略的に求めることが少しずつ定着してきているように思います。

本書は、ヘンリ・ナウエンという著名なキリスト教（カトリック）の神父が語ったファンドレイジングについての講演です。訳者はプロテスタントの牧師で、キリスト者学生会（ＫＧＫ）というキリスト教学生団体で、ファンドレイジングの責任を担っていますが、本書を同僚たちとともに読む中で励まされ続けてきました。

世界的にもそうですが、日本においては特に、ファンドレイジングを、「本来したい働きをするために、仕方なくしなければならないもの」と捉えている方が多いように思います。「本来は海外に行って貧しい子どもたちのために働きたいが、そのためにお金が必要なので、ファンドレイジングをしなければいけない……」という声を聞いたこともありますし、ファンドレイジングを単なる「物乞い」のように捉える人さえいます。

そして、そのようなファンドレイジングへの態度は、キリスト教界においてもよく見られるもです。私自身も、かつてはファンドレイジングの仕事を「必要悪」のように捉えていました。しかし、ナウエンは語っています。ファンドレイジングは「ミニストリー」である、と。

本書にも言及がありますが、多くのクリスチャンが「ミニストリー」という言葉を聞くときに思い浮かべるのは、礼拝（ミサ）を導いたり、祈ったり、聖書を教えたり、病人や貧しい人を助けたりといった、分かりやすくキリスト教的な、「霊的」な活動です。そして、ファンドレイジングはミニストリーの「ための」活動だと捉えられていることが多いように思います。

しかし、ナウエンが語るのは、ファンドレイジングこそが、回心と喜びと共同体の広がりをもたらす「ミニストリー」であるということです。このようなファンドレイジングの原則は、クリスチャンにとってはもちろん、クリスチャンではない多くの日本語話者にとっても、新鮮かつ意義あるものであると確信しています。本書を通して、ファンドレイジングに取り組むすべての人が励ましを受け、神が造られたこの世界に、神の愛と正義をもたらす働きが（たとえ、それが直接的にキリスト教に基づくものでなかったとしても）広がり、深まっていくことを願いつつ、翻訳をさせていただきました。

編集者の小渕春夫氏には、大変お世話になりました。初めての翻訳であり、右も左も分からない中、適切なアドバイスのおかげで訳文を大いに改善することができました。もちろん、この訳書に見つかる翻訳上のミスはすべて訳者に帰せられます。

２０２４年12月１日

多摩ニュータウンの自宅にて　　訳者

著者　ヘンリ・ナウエン（Henri J. M. Nouwen 1932-1996）
オランダ生まれ。カトリック司祭。世界的に認められたキリスト教霊性についての著作家。ノートルダム大学、エール大学、ハーバード大学で教えたのち、ラルシュ・コミュニティの牧者として、知的障がいを負った人々と生活を共にする。
邦訳書：『イエスの御名で』『いま、ここに生きる』『愛されている者の生活』『放蕩息子の帰郷』『嘆きは踊りに変わる』（以上あめんどう。他多数）。 www.henrinouwen.org

訳者　塚本良樹（つかもと・よしき）
兵庫県生まれ。キリスト者学生会（KGK）副総主事・卒業生宣教局長。国際基督教大学、慶應義塾大学大学院、米国フラー神学校卒（M.Div.）。東京福音センター・多摩ニュータウンキリスト教会協力牧師、聖書プロジェクト日本語版Language Advisor、聖学院大学非常勤講師。

ファンドレイジングの霊性——寄付を募るということ

2025年４月20日　初版発行

著　者…………ヘンリ・ナウエン
訳　者…………塚本良樹
発行者…………小渕春夫
装　丁…………吉林 優

発行所………あめんどう
〒101-0062 東京都千代田区神田駿河台2-1 OCC
www.amen-do.com
電話：03-3293-3603　FAX：03-3293-3605

印刷　モリモト印刷

ISBN978-4-900677-49-4
2024 Printed in Japan